Laetitia Mayombo Bouanga

Carnet de santé

AF816151

Laetitia Mayombo Bouanga

Carnet de santé

de ton âme

Éditions Croix du Salut

Imprint
Any brand names and product names mentioned in this book are subject to trademark, brand or patent protection and are trademarks or registered trademarks of their respective holders. The use of brand names, product names, common names, trade names, product descriptions etc. even without a particular marking in this work is in no way to be construed to mean that such names may be regarded as unrestricted in respect of trademark and brand protection legislation and could thus be used by anyone.

Cover image: www.ingimage.com

Publisher:
Éditions Croix du Salut
is a trademark of
International Book Market Service Ltd., member of OmniScriptum Publishing Group
17 Meldrum Street, Beau Bassin 71504, Mauritius
Printed at: see last page
ISBN: 978-613-7-37250-0

Remerciements :

merci au Seigneur pour cette opportunité.

Avant propos

Je vous propose de faire un bilan de santé spirituel. Pour cela prenez le temps de prier à chaque fois et de vous examiner sincèrement.

Il n'y a pas de bonne ou de mauvaise réponse.

Garder vos réponses. Cela vous permettra de voir et de constater votre évolution. J'espère que vous serez bénis en faisant cet exercice.

Bien-aimé, je souhaite que tu prospères à tous égards et sois en bonne santé, comme prospère l'état de ton âme.
3 Jean 1 : 2

NAISSANCE SPIRITUELLE

MORT

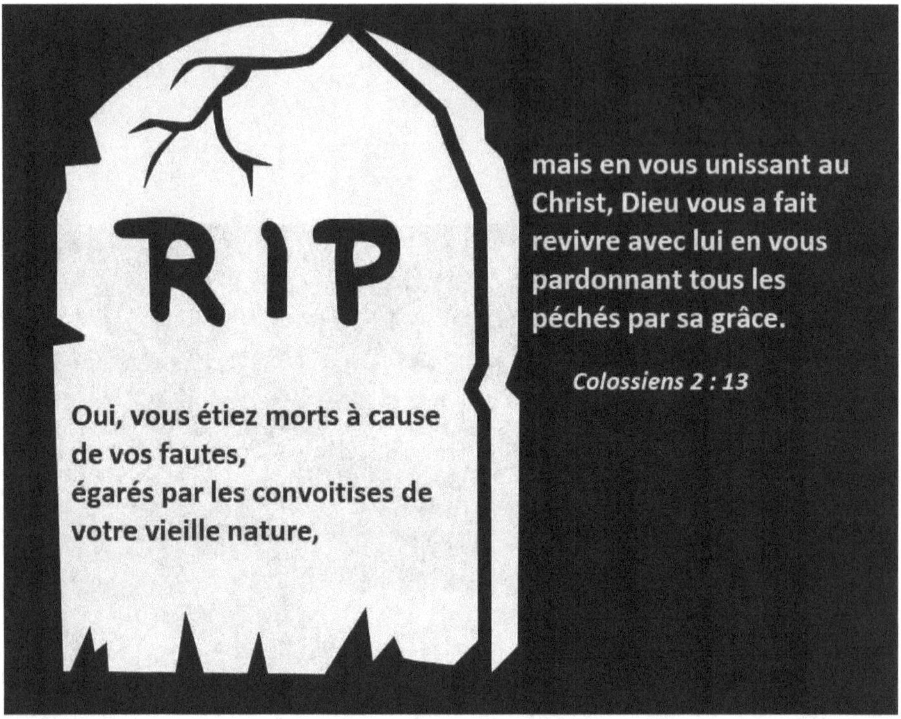
RIP
Oui, vous étiez morts à cause de vos fautes,
égarés par les convoitises de votre vieille nature,
mais en vous unissant au Christ, Dieu vous a fait revivre avec lui en vous pardonnant tous les péchés par sa grâce.
Colossiens 2 : 13

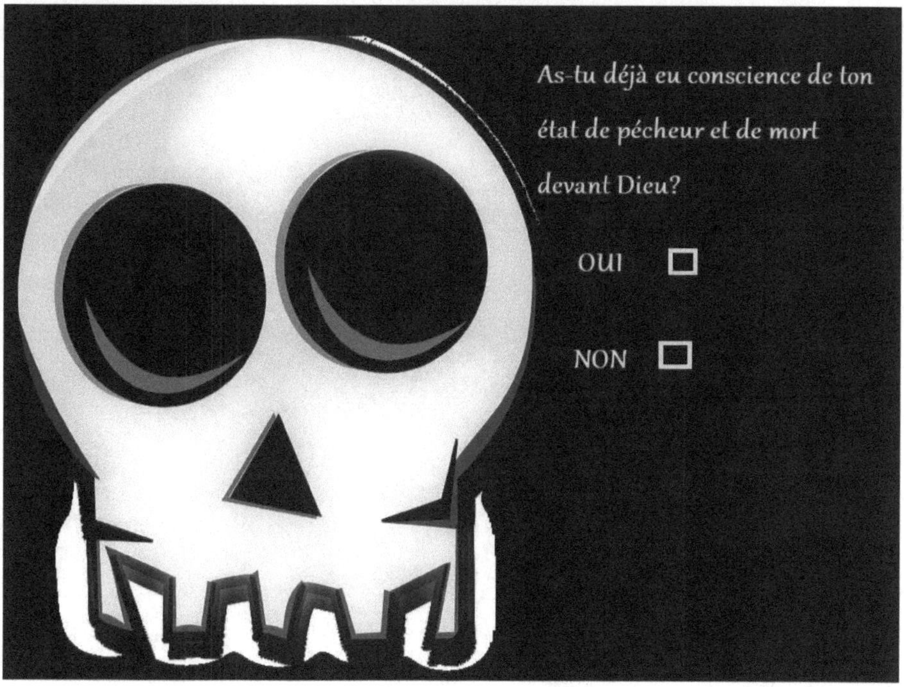
As-tu déjà eu conscience de ton
état de pécheur et de mort
devant Dieu?
OUI ☐
NON ☐

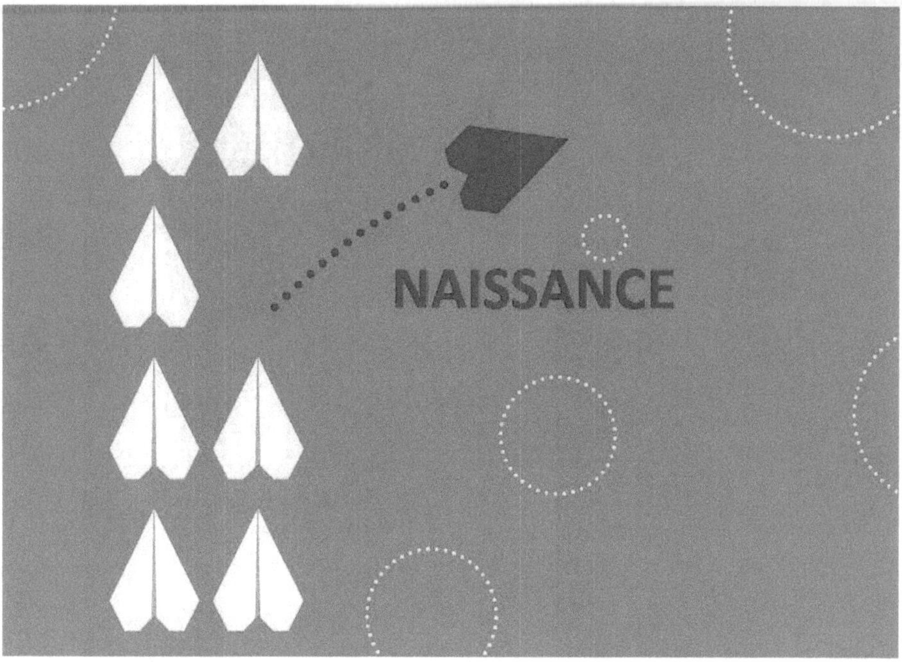
NAISSANCE

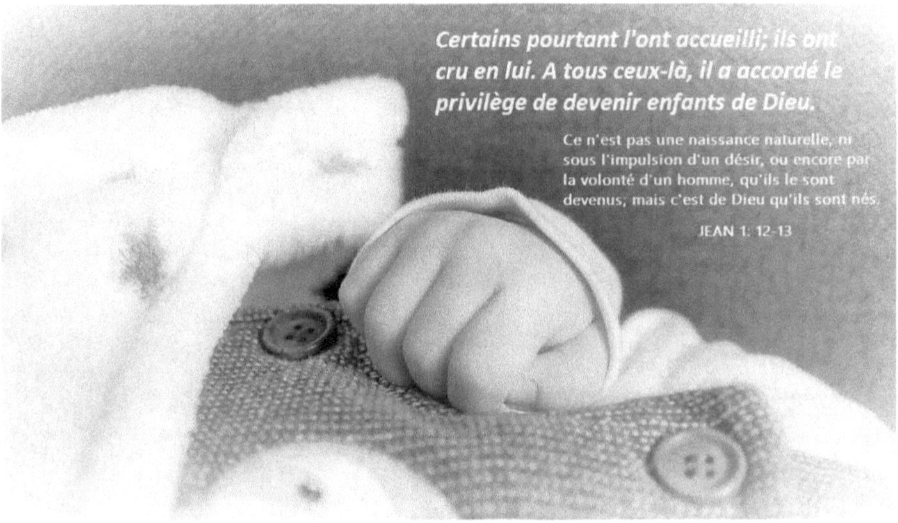
Certains pourtant l'ont accueilli; ils ont cru en lui. A tous ceux-là, il a accordé le privilège de devenir enfants de Dieu.
Ce n'est pas une naissance naturelle, ni sous l'impulsion d'un désir, ou encore par la volonté d'un homme, qu'ils le sont devenus; mais c'est de Dieu qu'ils sont nés.
JEAN 1: 12-13

As-tu mis ta foi en Jésus-Christ pour ton salut afin de devenir un enfant de Dieu?

OUI ☐

NON ☐

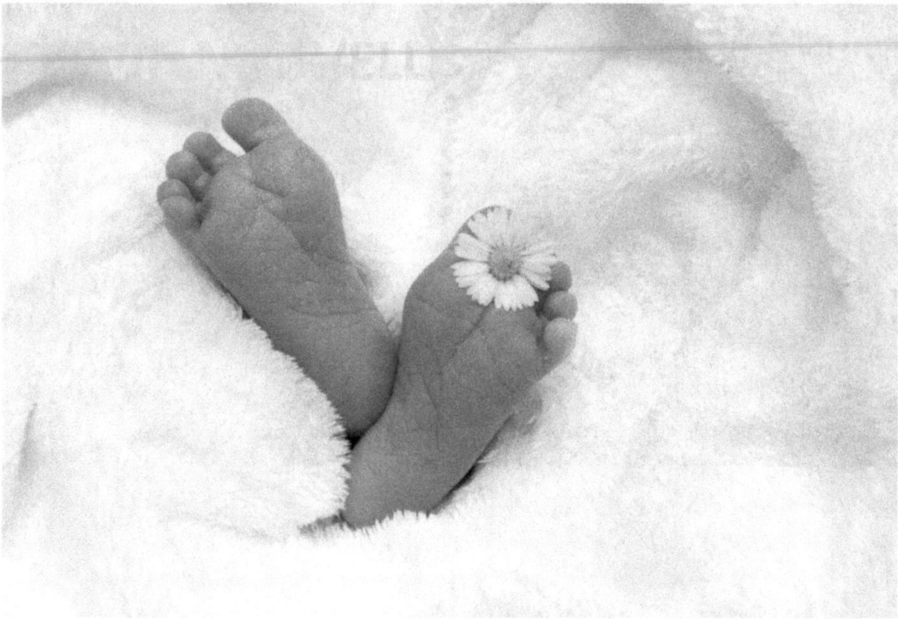

Si quelqu'un est en Christ, il est une nouvelle
créature. Les choses anciennes sont passées; voici,
toutes choses sont devenues nouvelles. 2 Cor 5 : 17

Aujourd'hui, reconnais-tu qu'en Jésus
tu es devenu quelqu'un de nouveau?
OUI ☐
NON ☐

MEMO
Nouvelle naissance
Date de naissance spirituelle :
Lieu de naissance:
Souvenirs marquants :
Déclaration publique (baptême)
Ai-je publiquement témoigné de ma nouvelle naissance en me faisant baptiser?
OUI ☐
NON ☐
Si oui, date du baptême :
lieu:

CELUI QUI CROIRA ET QUI SERA BAPTISE SERA SAUVE MAIS CELUI QUI NE CROIRA PAS SERA CONDAMNE.
Marc 16 : 16

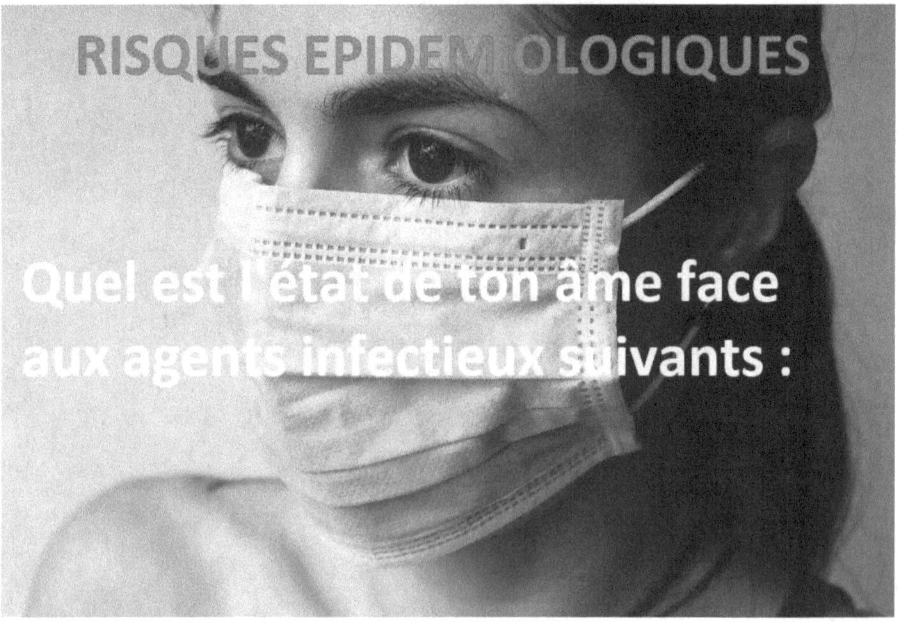
RISQUES EPIDEMIOLOGIQUES
Quel est l'état de ton âme face aux agents infectieux suivants :

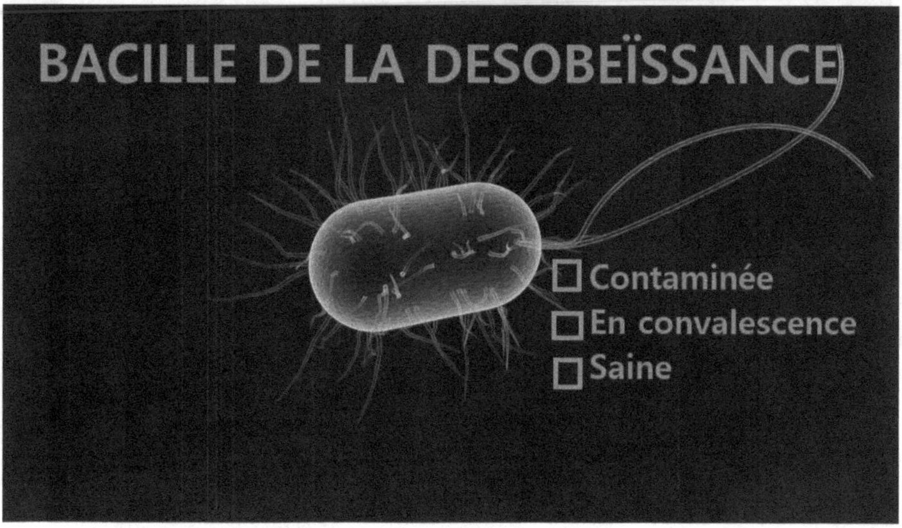
BACILLE DE LA DESOBEÏSSANCE
☐ Contaminée
☐ En convalescence
☐ Saine

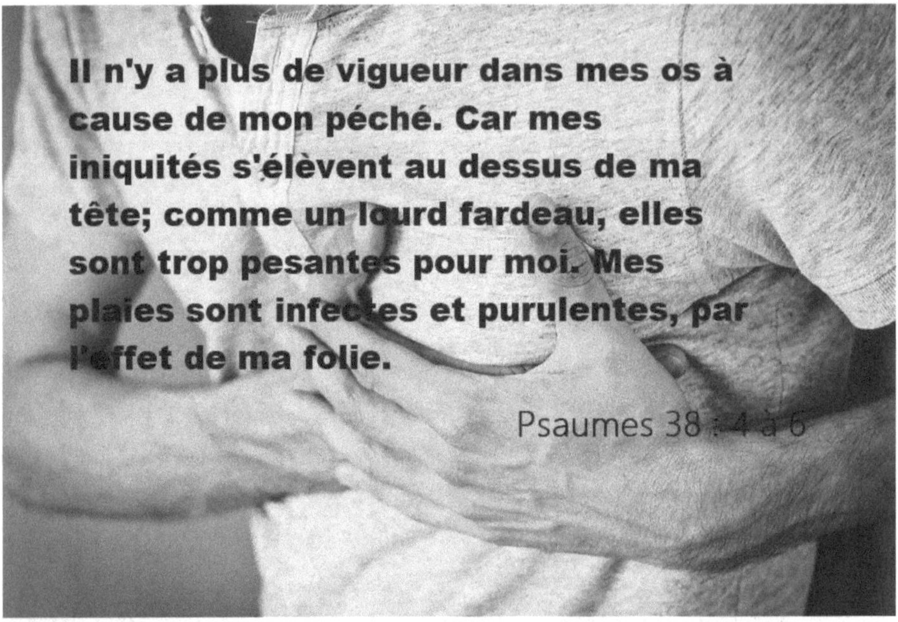
Il n'y a plus de vigueur dans mes os à cause de mon péché. Car mes iniquités s'élèvent au dessus de ma tête; comme un lourd fardeau, elles sont trop pesantes pour moi. Mes plaies sont infectes et purulentes, par l'effet de ma folie.
Psaumes 38 : 4 à 6

VIRUS DE L'AMERTUME
☐Contaminée
☐En convalescence
☐Saine

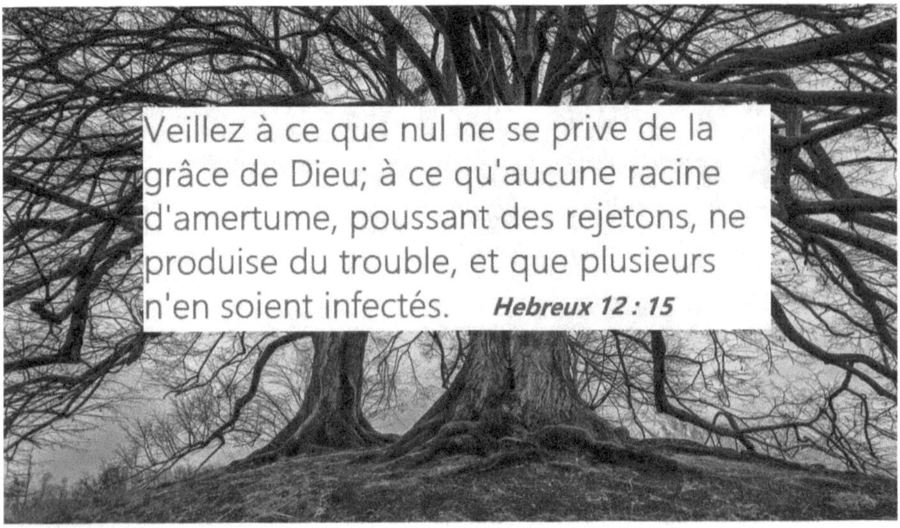
Veillez à ce que nul ne se prive de la grâce de Dieu; à ce qu'aucune racine d'amertume, poussant des rejetons, ne produise du trouble, et que plusieurs n'en soient infectés. Hebreux 12 : 15

LES PARASITES DE CE SIECLE

	Contaminée	En convalescence	Saine
Egoïste			
Ami de l'argent			
Aimant le plaisir plus que Dieu			
Ingrat			
Fanfaron			
Hautain			
Enflé d'orgueil			
Blasphémateur			
Rebelle à ses parents			
Irréligieux			
Insensible			
Déloyal			
Cruel			
Emporté			
Calomniateur			
Traite			
Hypocrite			

2 Timothée 3 : 1-2

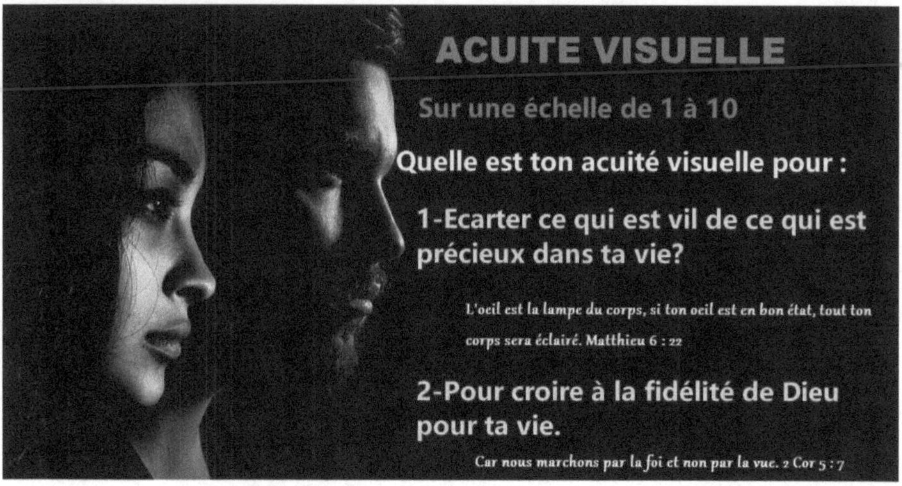
ACUITE VISUELLE
Sur une échelle de 1 à 10
Quelle est ton acuité visuelle pour :
1-Ecarter ce qui est vil de ce qui est précieux dans ta vie?
L'oeil est la lampe du corps, si ton oeil est en bon état, tout ton corps sera éclairé. Matthieu 6 : 22
2-Pour croire à la fidélité de Dieu pour ta vie.
Car nous marchons par la foi et non par la vue. 2 Cor 5 : 7

BILAN ORL

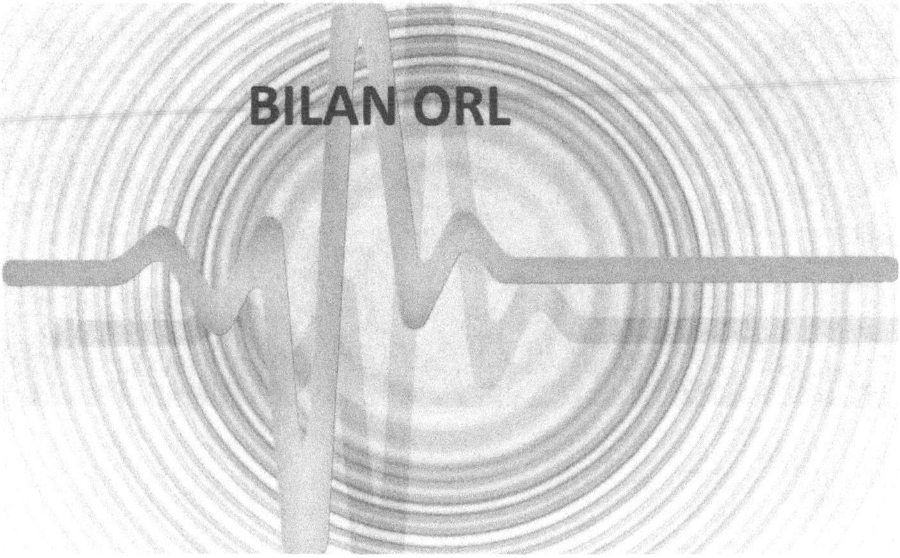

Cherches-tu à écouter ce que le Saint-Esprit veut te dire?

- ☐ Non, je cherche plutôt à me cacher
- ☐ Pas vraiment: je suis distrait si facilement
- ☐ Oui, je m'y efforce

QUE CELUI QUI A DES OREILLES ENTENDE CE QUE L'ESPRIT DIT AUX EGLISES

Apo 2

SAIS-TU TE REMETTRE EN QUESTION?
Non j'ai toujours raison
Cela peut m'arriver mais il faut me mettre au pied du mur
Oui, c'est quelque chose d'essentiel pour avancer

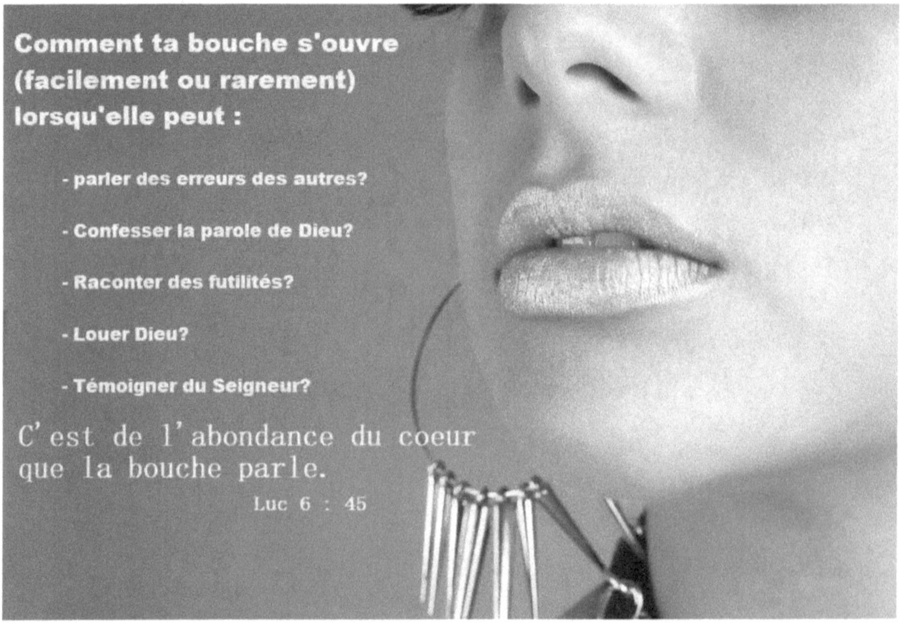
Comment ta bouche s'ouvre
(facilement ou rarement)
lorsqu'elle peut :
- parler des erreurs des autres?
- Confesser la parole de Dieu?
- Raconter des futilités?
- Louer Dieu?
- Témoigner du Seigneur?
C'est de l'abondance du coeur
que la bouche parle.
Luc 6 : 45

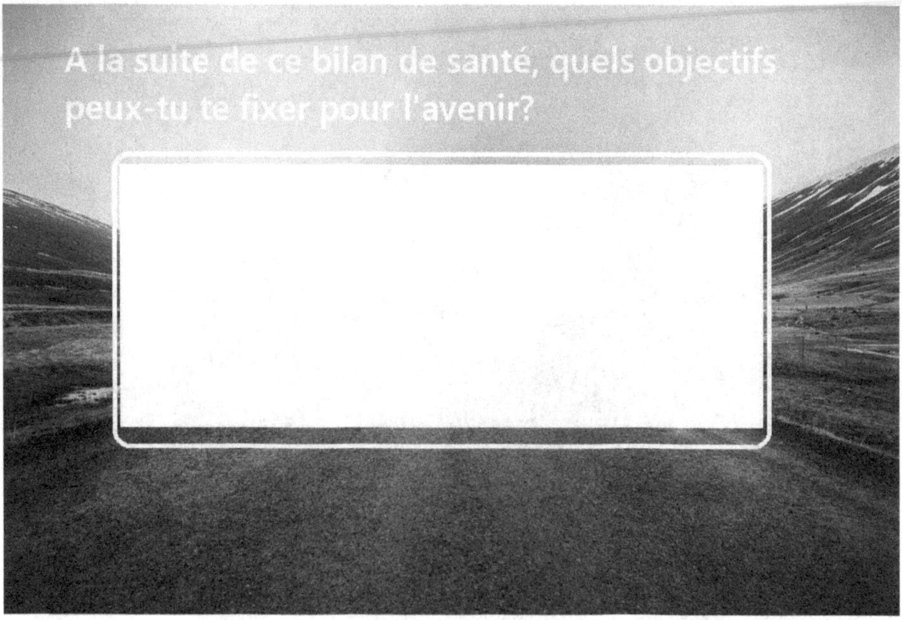
A la suite de ce bilan de santé, quels objectifs
peux-tu te fixer pour l'avenir?

QUE TON ÂME SOIT EN BONNE SANTE